UNE FEMME QUI DÉTESTE SON MARI

COMÉDIE EN UN ACTE

EN PROSE

PAR

Mme ÉMILE DE GIRARDIN

NOUVELLE ÉDITION

PARIS
MICHEL LÉVY FRÈRES, LIBRAIRES ÉDITEURS
RUE VIVIENNE, 2 BIS, ET BOULEVARD DES ITALIENS, 15
A LA LIBRAIRIE NOUVELLE

MDCCCLXVI

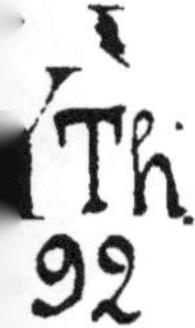

UNE FEMME

QUI DÉTESTE SON MARI

COMÉDIE

Représentée pour la première fois, à Paris, sur le théâtre du Gymnase,
le 10 octobre 1856.

CHEZ LES MÊMES ÉDITEURS

ŒUVRES COMPLÈTES

DE

MME ÉMILE DE GIRARDIN

Format grand in-18

— SEULE ÉDITION COMPLÈTE —

LE VICOMTE DE LAUNAY .... 4 vol.
MARGUERITE .... 1 —
M. LE MARQUIS DE PONTANGES .... 1 —
CONTES D'UNE VIEILLE FILLE A SES NEVEUX .... 1 —
NOUVELLES .... 1 —
POÉSIES COMPLÈTES .... 1 —

THÉATRE

L'ÉCOLE DES JOURNALISTES, comédie en cinq actes, en vers.
JUDITH, tragédie en trois actes, en vers.
CLÉOPATRE, tragédie en cinq actes, en vers.
C'EST LA FAUTE DU MARI, comédie en un acte, en vers.
LADY TARTUFFE, comédie en cinq acte, en prose.
LA JOIE FAIT PEUR, comédie en cinq acte, en prose.
LE CHAPEAU D'UN HORLOGER, comédie en un acte, en prose.
UNE FEMME QUI DÉTESTE SON MARI, comédie en un acte, en prose.

Imprimerie L. TOINON et Ce, à Saint-Germain.

UNE FEMME

QUI DÉTESTE

SON MARI

COMÉDIE

EN UN ACTE, EN PROSE

PAR

Mme ÉMILE DE GIRARDIN

NOUVELLE ÉDITION

PARIS
MICHEL LÉVY FRÈRES, LIBRAIRES ÉDITEURS
RUE VIVIENNE, 2 BIS, ET BOULEVARD DES ITALIENS, 15
A LA LIBRAIRIE NOUVELLE

PERSONNAGES

DE LANGEAIS.................	MM.	Berton.
ROSETTE......................		Dupuis.
FINOT..........................		Lesueur.
UN COMMISSAIRE.............		Tony Blondel.
UN SERRURIER...............		Numa fils.
DEUX PARENTS...............		Louis. / Ismael.
JULIE.........................	Mmes	Rose Chéri.
JEANNE.......................		La petite Clara.
MADAME DE LANGEAIS MÈRE.		Mélanie.
HILARINE......................		Laurent.

La scène se passe à Rennes, en 1794.

Nota. — S'adresser, pour la musique de scène, à M. Jubin, bibliothécaire et copiste au théâtre ; et pour la mise en scène, à M. Hérold, régisseur.

UNE FEMME
QUI DÉTESTE SON MARI

Un salon chez Julie. Fenêtre dans l'angle à gauche. Porte au fond. Porte et cheminée à gauche. Une armoire et un secrétaire à droite.

SCÈNE PREMIÈRE.

JULIE, FINOT.

FINOT.

Citoyenne!

JULIE.

Ah! c'est toi, Finot, je te croyais parti.

FINOT.

Tu ne te trompes pas, citoyenne, je le suis, parti; mais je reviens... Je n'ai pas assez pour les poules... Il ne me reste que quinze cents livres, et avec quinze cents livres on n'a rien en poules... sur le marché de la ville de Rennes...

JULIE.

Voilà dix mille livres... ce sera assez.

FINOT.

Je vas me dépêcher, je tiens à ne pas m'éloigner souvent de la maison; depuis quelques jours je flaire, je flaire... et je trouve que ça sent le mystère, ici.

JULIE.

Un mystère? chez moi? qu'est-ce donc? qu'as-tu découvert?

FINOT.

Rien. Sans cela je dévoilerais tout; mais je gagerais un contre mille, qu'il y a un homme caché dans la maison.

JULIE.

Un homme! ici! quelle audace!... dis-moi tout, Finot.

FINOT.

Un homme très-affamé, citoyenne!

JULIE.

Mais une preuve, un indice?

FINOT.

Là, dans cette armoire.

JULIE, *ouvrant l'armoire.*

Dans cette armoire! mais il n'y a personne.

FINOT.

Si fait!...

JULIE.

Comment?

FINOT.

Il y a une oie... je l'ai serrée, après déjeuner, avec ses deux ailes... et il n'y en a plus une; il y a un pâté, j'en avais serré la moitié et il n'y en a plus rien; personne de la maison n'a mangé depuis le déjeuner. Il faudrait donc que le pâté eût pris les ailes de l'oie pour s'envoler! ça ne me paraît pas naturel.

JULIE.

Quoi! l'on oserait! au risque de me déplaire... de me compromettre même...

FINOT.

Pour ce qui est de ça, citoyenne, impossible! une femme comme toi ne peut pas être compromise... une républicaine pur sang, qui a rompu avec son modéré de mari, sa modérée de famille et ses petits modérés d'enfants... qui vous a campé tout ça à la porte, par amour pour la chose publique, et qui va épouser, à ce qu'on dit, le citoyen Rosette, le commissaire du gouvernement, un bon, un pur, un vrai celui-là...

JULIE.

Mais enfin, qui soupçonnes-tu?...

FINOT.

Je soupçonne Échalotte.

JULIE.

Rosalie?

FINOT.

Ci-devant : Rosalie, aujourd'hui Échalotte, mais ne crains rien, je la suis de l'œil.

JULIE.

Et qu'as-tu donc découvert encore? parle, parle vite...

FINOT.

Voilà... Cette nuit, j'ai entendu du bruit dans le corridor là-haut, des pas qui marchaient... Bon. Je me suis levé, j'ai allumé ma chandelle, je suis allé visiter le corridor, et au coin, comme je tournais le tournant, j'ai senti un petit souffle qui a éteint ma chandelle, et un grand soufflet qui a enflé ma joue.

JULIE.

Quoi! il serait possible qu'ici... dans ma maison... un émigré, un girondin, un ennemi de la patrie... eût trouvé asile!... et tu crois que Rosalie serait capable...

FINOT.

Dam' citoyenne... elle cuisine bien, Rosa... c'est-à-dire Echalotte, mais ça n'est pas une patriote comme toi et moi.

JULIE.

Et tu n'as rien dit de tout cela?

FINOT.

Je n'ai pas voulu leur donner l'éveil.

JULIE.

Tu as raison. Mais continue d'être attentif, de tout observer, et si tu découvres encore quelque chose, aie soin de m'en informer.

FINOT.

Oui, citoyenne de Langeais.

JULIE.

Pourquoi me donnes-tu ce nom? M. de Langeais n'est plus mon mari.

FINOT.

On connaît ta noble haine contre lui... un monstre d'infamie et d'indignité! un entêté qui n'a jamais voulu condamner personne! Dans ce temps-ci, qu'on ne fait que ça! que c'est l'usage pour tous!... Eh bien, non, lui, il n'a pas voulu!... Faut-il être entêté! Ah! citoyenne, tu as dû bien souffrir avec cet homme-là!

JULIE.

Oui, j'ai bien souffert.

FINOT.

Eh bien, sa fille est têtue comme lui.

JULIE.

Sa fille... je vous ai défendu à tous de jamais lui parler... comment se fait-il?...

FINOT.

Oh! je ne lui ai point parlé... c'est elle... hier, qui m'a aperçu dans la rue, elle a couru après moi: Maman, disait-elle, maman n'a pas demandé à me voir? — Au contraire, petite citoyenne, que j'ai répondu, elle a demandé à ne pas te voir; elle a dit : j'ai chassé le loup... Voilà des paroles civiques!... j'ai chassé le loup, qu'on ne me rende pas les louveteaux! — Mais pourquoi maman déteste-t-elle papa, qu'elle aimait bien, et nous, qu'elle aimait tant?... et elle s'est mise à pleurer; ses grands yeux étaient fixés comme ça sur moi, tout pleins de larmes, elle avait une figure si douce, si douce... (Il pleure et lève les yeux au ciel.) Elle était bien jolie en pleurant, sauf votre respect... elle te ressemblait, citoyenne...

JULIE.

Non, non... ne m'en parle pas... ne m'en parle pas.

FINOT, à part.

Ça lui fait peut-être de la peine! ça doit être bien triste, pour une bonne mère, de ne plus aimer ses enfants!

JULIE.

Mais enfin... tu lui as fait comprendre...

FINOT.

Oh! parfaitement... c'est-à-dire, j'ai essayé, mais elle n'a pas compris du tout. — Qu'est-ce qui empêche maman de nous aimer? disait-elle. — C'est son civisme, que j'ai dit. —

Son civisme, qu'est-ce que c'est que ça, qu'elle a fait?—C'est le contraire de la nature, quoi. — Et là-dessus, je lui ai dit des choses plus à la portée de son âge; on aimait niaisement ses parents pour obéir à la nature, on les sacrifie par amour pour la chose publique, comme le citoyen Brutus!... Il fait mourir ses deux fils sur la place du marché, civisme! Un autre, encore plus Brutus que celui-là, poignarde son père devant la statue d'un pompier, civisme! Bref, on immole tout à la patrie, à la nature, toujours par civisme... La nation a remplacé la nature. Faut être juste, aussi, elle avait fait son temps la nature.

JULIE.

C'est trop m'occuper de cette enfant, pourquoi m'en parles-tu?

FINOT.

Par honnêteté... elle m'a corrompu... elle m'a donné toutes ses cerises pour ça...

JULIE.

Elle qui est si gourmande!...

FINOT.

Et elle m'a quitté en me laissant la lettre.

JULIE.

Quelle lettre?

FINOT.

La lettre que j'ai mise là hier au soir et que la petite devait t'apporter ici... tiens! elle y est encore!... (Il la prend et la donne à Julie.)

JULIE.

De ma belle-mère... encore... toujours... elle sait bien, pourtant, que je n'ai plus rien de commun avec elle. (Lisant.) Une entrevue avec moi... jamais... la voir, elle... et tous ces gens odieux qui me rappellent celui dont je maudis le souvenir.

FINOT.

Femme sublime! Spartacus, va!...

JULIE.

Ah !... il y un post-scriptum de ma cousine... de mademoiselle Hilarine... On veut arrêter ma belle-mère !... que j'emploie mon triste crédit !... que ne me demande-t-on de l'employer aussi pour lui !... pour M. de Langeais qui est en fuite!

FINOT.

Ah ! pour lui, ça serait trop fort... pour ton mari... ça passerait les bornes... ça les passerait, les bornes.

JULIE.

Va trouver madame de Langeais, dis-lui que j'ai pitié de son âge... que je la traiterai comme si elle n'était pas la mère... d'un ennemi de la patrie... dis-lui que je consens à la recevoir, à employer mon *triste crédit* auprès de mes amis politiques.

FINOT.

C'est ça, on tâchera de faire quelque chose pour la vieille ; mais quant à celui que je soupçonne d'être caché dans la maison...

JULIE.

Celui-là, livré sans pitié.

FINOT.

Je m'en charge ! (Il sort.)

SCÈNE II

JULIE, DE LANGEAIS.

JULIE, qui l'a suivi des yeux.

Le dénoncer ! le livrer ! lui ! lui !... (Elle va ouvrir l'armoire et son double fond, après avoir ôté la clef de la porte du salon.) Viens, viens vite, mon pauvre prisonnier !...

DE LANGEAIS, quittant sa cachette avec difficulte.

Ah ! ouf !... oh ! là ! là !... (Il s'assied.) Enfin !...

JULIE.

Comment es-tu, dans ta nouvelle cache ?

DE LANGEAIS.

Mal ! mais c'est une autre manière d'être mal qui me repose. Dans l'ancienne cache du grenier, je ne pouvais pas me lever, dans celle-ci je ne peux pas m'asseoir... ça me détend. Être debout pendant douze heures... pour quelqu'un qui est resté six mois accroupi sous une mansarde, ce n'est pas mauvais... mais il me semble que je grandis... regarde donc quelle belle taille j'ai !...

JULIE.

Nous avons déménagé si vite... ce matin, que je n'ai pas eu le temps de meubler ta nouvelle retraite... le vilain Finot qui court la nuit... s'il t'avait vu !...

DE LANGEAIS.

J'ai soufflé sa chandelle si vite, qu'il n'a pu rien voir... (A part.) Si elle savait... (Geste du soufflet.) Quelle folie aussi !... mais j'étais si furieux contre cet imbécile qui m'empêchait de descendre ! (Haut.) Il peut chercher dans le grenier, il ne trouvera rien, rassure-toi.

JULIE, à part.

S'il savait les soupçons de Finot il s'en voudrait... (Haut, montrant l'armoire.) Là, nous serons mieux, je pourrai venir te voir plus souvent.

DE LANGEAIS.

Et je ne serai pas obligé d'errer la nuit dans les corridors pour venir ici.

JULIE.

Je vais bien t'établir et te donner de quoi t'asseoir.

DE LANGEAIS.

Une chaise ! il n'y a pas la place...

JULIE.

Non, une bûche.

DE LANGEAIS.

Une bûche ? comme c'est douillet !

JULIE.

Oh ! mais une jolie bûche ouatée.

DE LANGEAIS.

Une bûche ouatée... prenez garde, ceci est voluptueux, madame !

JULIE.

Avec un bon coussin pour t'appuyer... je vais la chercher.

DE LANGEAIS.

Pas encore... tu me la donneras plus tard, cette jolie bûche... dis-moi des nouvelles... je m'ennuie beaucoup là dedans... je n'y ai rencontré personne... non, je n'y ai rien appris... dis-moi ce qui se passe.

JULIE.

Il rit toujours... qu'il est heureux ! plus je tremble, plus il s'amuse !...

DE LANGEAIS.

Eh ! ma pauvre femme !... si j'étais sombre, que deviendrais-tu?... crois-moi, laisse-moi rire !

JULIE.

Tu me fais peur !...

DE LANGEAIS.

Ah ! tu ne peux pas comprendre ça, toi ; mais vois-tu, quand on est resté quatre à cinq heures comme ça, en cariathide, sous un toit, ou comme ça, en zéphyr dans un tuyau de cheminée... ou comme ça, en dieu de l'Inde, dans un tonneau... et qu'on est tout à coup libre de ses pieds et de ses mains, on éprouve une joie folle, invincible, qui vous donne tout de suite un esprit léger... c'est-à-dire que même si on venait me chercher pour me conduire à l'échafaud, je serais si content d'aller un peu sur la place prendre l'air, que ce ne serait que par réflexion que je parviendrais à m'attrister.

JULIE.

Ris, plaisante, mais jamais sur ce sujet-là. (Elle lui prend la tête et l'embrasse.)

DE LANGEAIS, l'embrassant.

Oh ! ma chère petite femme ! (Il la quitte.) Non, non, il faut être sage dans la journée, c'est convenu... voyons, qu'est-ce qu'il y a de nouveau?

JULIE.

Beaucoup de choses, je vais toutes les dire vite, avant qu'on ne nous dérange, nous en causerons après si nous en avons le temps... Ta mère m'a fait demander à me voir.

DE LANGEAIS.

Pauvre vieille mère! ils ne la tourmentent pas à cause de moi?...

JULIE, troublée.

Non. (Vivement.) Je vais chercher ton siége.

DE LANGEAIS.

Pauvre femme! que d'inquiétudes, de tourments!...

JULIE, apportant la bûche et le coussin.

Voilà. Ça, c'est un petit oreiller à Jeanne.

DE LANGEAIS.

Chère enfant!... tu n'as pas de ses nouvelles?

JULIE.

Si, mais...

DE LANGEAIS.

Dis-moi donc vite...

JULIE.

Tu vas encore te tourmenter...

DE LANGEAIS.

Elle est malade?

JULIE.

Non; mais à son nom, tu deviens si furieux...

DE LANGEAIS.

Oh! c'est vrai, l'idée de ne pouvoir l'embrasser me rend fou. Être depuis dix-huit mois dans la même ville que mes enfants, me dire qu'ils passent tous les matins sous mes fenêtres... qu'ils pensent à moi... qu'ils m'aiment... et que je n'ose même pas me mettre à la fenêtre pour les regarder passer... que je ne puis les appeler, les admirer... les couvrir de baisers!... oh! cela me fait bouillir le sang dans les veines!... Oh!... les tenir là... embrasser les bonnes joues de ma petite

Jeanne!... oh! je te l'avoue, il y a des moments où j'ai envie de quitter tout, de me dénoncer, de me livrer, pour aller la manger de caresses!... oh! l'embrasser! l'embrasser!... sais-tu, Julie, quand nous la reverrons... il faudra me surveiller... en l'embrassant je l'étoufferais!...

JULIE.

Calme-toi... je te le disais bien que tu deviendrais enragé si je te parlais d'elle.

DE LANGEAIS.

Eh bien! qu'as-tu appris de cette chère créature? me voilà tranquille.

JULIE.

Elle est belle comme un ange... elle est très-grandie... elle a bonne mine... malgré son chagrin.

DE LANGEAIS.

Crois-tu qu'elle me reconnaîtrait avec mes grandes moustaches?... ça me change tellement que...

JULIE.

Ah! tu as beau te déguiser... c'est comme moi... quand je je dis que je ne l'aime plus.

DE LANGEAIS.

Pauvre enfant! ça doit lui sembler drôle d'être détestée.

JULIE.

Par moi!... aussi elle ne s'y accoutume pas... elle s'est mise en colère quand Finot lui a parlé de mon civisme.

DE LANGEAIS.

Pauvre petit chou! elle ne doit pas aimer le civisme.

JULIE.

Non, et elle a corrompu Finot pour avoir de mes nouvelles... on lui avait dit que j'étais malade...

DE LANGEAIS.

Corrompu?... comment cela?

JULIE.

Elle lui a donné toutes ses cerises.

DE LANGEAIS.

Cher amour! elle qui est si gourmande!

JULIE.

C'est ce que j'ai dit tout de suite.

DE LANGEAIS.

Ma pauvre femme! quel supplice tu t'imposes pour moi... Tiens, c'est trop long, va voir tes enfants et laisse-moi mourir!... Qu'est-ce que je suis?... un poltron qui se cache quand tous ses amis sont morts... je ne fais rien... je passe de la cave au grenier, d'un trou dans une niche, comme un voleur; je ne peux pas travailler... pas agir... je n'ose pas même respirer... A quoi bon me sauver? pourquoi faire? pour défendre quoi? les victimes ne sentent même pas le besoin d'être défendues.

JULIE.

Il se croit à la tribune.

DE LANGEAIS.

Comment! moi, qui suis dans la force de l'âge, qui ai du talent, de l'autorité, qui défends la plus sainte des causes : le règne de la conscience; moi qui aime mon pays, comme un cœur breton aime tout ce qu'il aime... sans arrière-pensée et sans partage... parce que c'est mon instinct et parce que c'est mon devoir... moi qui n'ai pas une heure de ma vie à me reprocher... moi qui n'ai pas eu peur du pistolet de Legendre appliqué sur ma poitrine... j'ai peur du bruit comme un coupable!... je n'ose pas me montrer dans cette ville de Rennes où je suis né, où ma famille est honorée depuis cent ans... où moi-même j'ai l'estime de tout ce qui est droit et honnête; je n'ose pas aller chez ma mère pour embrasser mes enfants, et cela, parce qu'une poignée de lâches, poussés par une centaine de fous, un beau matin se sont dit : « Cet homme nous gêne, il faut qu'il meure! »

JULIE.

Prends garde, on peut t'entendre, tu me fais frémir!

DE LANGEAIS.

Qu'ils m'entendent, tant mieux! je suis las d'avoir peur!... (On frappe à la porte de la rue.)

JULIE.

Ah! mon Dieu!... on frappe à la porte... c'est lui... c'est le citoyen Rosette... cache-toi!...

DE LANGEAIS.

J'en ai assez de tes caches!

JULIE.

Mon ami!

DE LANGEAIS.

Je n'y tiens plus, j'ai besoin d'avoir du courage à tout prix... j'ai assez tremblé comme ça... courbé la tête sous le joug, j'aime mieux la relever sous le couteau.

JULIE.

Un moment.

DE LANGEAIS.

Je ne veux plus me cacher, entends-tu... cela m'ennuie d'être lâche, à la fin!... ouvre la porte.

JULIE.

Et moi aussi, cela me fatigue de jouer un rôle odieux!... Oui, tu as raison... moi aussi cela m'ennuie d'être lâche... mieux vaut mourir avec courage... mourons ensemble!... (Elle va ouvrir la porte.)

DE LANGEAIS, l'arrêtant.

Femme!... femme!... tu sais bien ce qui me fait faiblir!... Toi, non, tu ne dois pas mourir... même avec courage... j'aurai la force d'être lâche encore pour te sauver!...

JULIE.

Merci!... je vais donner le signal à Rosalie. (Il rentre dans sa cache.)

SCÈNE III.

JULIE, puis ROSETTE.

JULIE.

Ah! quelle angoisse je me sens... cette tâche est si rude... mais patience!... (Elle fait signe à quelqu'un par la fenêtre.) Il peut monter ici... Rosalie a compris... tâchons d'être un peu calme... voilà le moment le plus odieux de cette vie de mensonge... plaire à nos bourreaux et ne pas trop leur plaire... cajoler ces tigres, écouter gracieusement de niaises horreurs... Oh! mon pauvre proscrit! comme il faut que je t'aime!

FINOT, annonçant.

Le citoyen Rosette. (Finot sort.)

JULIE.

Donne de la limonade.

ROSETTE.

Salut, belle dame, belle citoyenne, me permets-tu de te dire un petit bonjour avant l'heure?... Je ne suis pas dans mon droit, mais je viens de notre fastidieuse séance, et je n'ai pas eu le stoïcisme de passer devant cette porte sans essayer de vous présenter mes hommages.

JULIE, avec coquetterie.

J'avais deviné cela, citoyen, et je vous ai fait préparer de cette fraîche limonade que vous aimez.

ROSETTE.

L'aimable attention! mais ce qui me touche, c'est que vous m'ayez deviné... deviner une faiblesse, c'est la comprendre et la pardonner. (Finot apporte à boire. — Rosette boit ardemment.)

FINOT, à part.

Il avait soif le gouvernement!... un gouvernement qui veut être fort et qui boit de la limonade! (Il sort.)

ROSETTE.

Quelle chaleur! mais aussi quel beau temps! Ah! cette nuit la lune était admirable... j'ai été obligé de courir le pays çà et là pour surveiller... de loin quelques visites domiciliaires, et tout en accomplissant ce rigoureux devoir, j'admirais l'azur de cette voûte sombre et je me disais que je comprenais bien, oh! mais très-bien le culte des amants pour Phébé, la chaste déesse de la nuit... je me disais encore bien d'autres choses que je n'oserais...

JULIE.

En revenant, vous avez dû passer sous mes fenêtres.

ROSETTE, *vivement*.

Vous n'y étiez pas... Oh! je me trahis!... Eh! bien, pourquoi ne l'avouerais-je pas?... oui, j'ai passé et repassé sous cette fenêtre et je suis resté là une grande heure à guetter .. (*Gentiment.*) Je guettais... j'espérais que la beauté de la nuit vous attirerait à cette fenêtre... je me disais...

JULIE.

Prenez garde... vous n'osiez pas dire!...

ROSETTE.

Méchante!... laissez-moi oser... je me disais, elle ne dort pas... non, elle ne dort pas... il fait trop chaud... que fait-elle?... Pourquoi ne vient-elle pas respirer l'air frais... contempler les splendeurs nocturnes?... Si elle savait que je suis là.... peut-être... que... Ah! la nuit, il est permis de rêver... peut-être qu'elle pense à moi... Puis mes hommes sont venus m'arracher à mes rêveries.

JULIE, *plaisamment*.

Les gendarmes?

ROSETTTE.

Ils n'avaient rien trouvé... perquisition inutile... Oh! la folle idée!... j'avais envie de leur faire faire une visite domiciliaire chez vous pour vous arracher à votre sommeil si cruel... Que dites-vous du stratagème?... tous les moyens sont bons pour parvenir à apercevoir un moment la reine de son cœur !

JULIE.

Reine !... aristocrate !..

ROSETTE.

Pardon ! le vilain mot, je ne le ferai plus.

JULIE, *inquiète, à part.*

Il me fait frémir ! (*Haut, riant.*) J'aurais très-mal pris cette galanterie, citoyen... Comme c'est chevaleresque, une perquisition ! une déclaration d'amour assistée de deux gendarmes !

ROSETTE.

Rassure-toi, je ne veux pas t'importuner de ces choses-là... Et cependant, je serai forcé, pour la forme bien entendu, de faire une petite perquisition chez toi.

JULIE.

Chez moi... une perquisition chez moi...

ROSETTE.

Il le faut pour faire taire la calomnie.

JULIE.

Quelle calomnie?

ROSETTE.

Eh bien, imagine-toi qu'il n'y a pas de jour où nous ne recevions quelque lettre qui nous dise : Il y a un homme caché chez la citoyenne de Langeais... on a vu une ombre à la fenêtre... on a entendu marcher... on a... tous les jours...

JULIE.

Ainsi, on me soupçonne, on ose écrire de pareilles niaiseries !... mais qui ça?...

ROSETTE.

Oh ! quelque femme jalouse... Je viens tous les jours ici ; cette préférence que je ne cache point fait des envieuses, mais nous les ferons taire en ouvrant tous les battants de ta maison et en disant à tes ennemis : Entrez et cherchez.

JULIE, à part

Mon Dieu!

ROSETTE.

Il faudra bien que les pauvres délaissées se résignent... Oh! j'ai hâte de les confondre!... si je les écoutais, je te ferais espionner nuit et jour... elles sont toutes furieuses.

JULIE.

Toutes? il y en a donc beaucoup?...

ROSETTE.

Oui, mais pas une qui te puisse donner de l'ombrage, j'en atteste l'Être suprême, restauré si heureusement par mon bienfaiteur... non... seulement on veut me persuader que tu te moques de moi.

JULIE.

Ah! cela est infâme!

ROSETTE.

Sois tranquille, je n'en crois rien... et il faudra bien que leurs calomnies se taisent devant des preuves.

JULIE.

Quelles preuves?

ROSETTE.

Les petites perquisitions.

JULIE.

Mais pour une citoyenne comme moi, c'est une humiliation, une honte... n'est-il aucun moyen de m'y soustraire?

ROSETTE.

Ah! si j'étais ici chez moi on n'y ferait pas de perquisition... ce n'est pas la citoyenne Rosette que l'on soupçonnerait... Mais j'attends toujours cet acte de divorce que l'on me promet depuis trois mois et que l'on devait me donner tout fait, tout copié il y a trois jours.

JULIE.

Eh bien!... tu l'auras... il est fait, il est copié.

ROSETTE.

Oh! donne-le vite, ma chère âme!

JULIE.

Ingrat !

ROSETTE.

Ce cher petit divorce ! que j'ai hâte de le posséder... oh ! donne-le.

JULIE.

Non, je ne veux plus vous le donner... vous ne le méritez pas.

ROSETTE.

Veux-tu donc rester l'épouse de ce gredin ?

JULIE.

Non, certes, je divorcerai... l'acte est sérieusement rédigé... il me servira à rompre une odieuse chaîne .. Mais ce n'est pas vous que je chargerai de le remettre au tribunal.

ROSETTE, tendrement.

Allons, coquette, donne-le... quel autre que moi peut le faire *promulguer et homologuer ?* Où est-il ?... dans ce secrétaire ? dans cette armoire ? je fouille partout, moi, je le veux ! (Il se dirige vers l'armoire qu'il ouvre, et voit le pâté, les gâteaux, etc.) Oh ! c'est le repas de noces qui est là dedans ? nous lui dirons deux mots, j'espère.

JULIE, cherchant.

Je ne l'ai pas là... je l'ai laissé dans ma chambre... j'ai encore une petite page à copier.

ROSETTE.

Tu le griffonnes donc toi-même ?

JULIE.

Oui, j'ai un modèle... c'est un acte de séparation que l'infâme de Langeais a rédigé il y a trois ans pour une de ses clientes... le procureur n'y a rajusté que quelques lignes, tant c'était clair et bien fait.

ROSETTE.

Ainsi, c'est ton ci-devant mari lui-même qui aura donné le modèle de son acte de divorce ? Ah ! parfait, c'est à mettre en comédie ! .. c'est délirant ! je commence à l'aimer ce pauvre de Langeais, puisque je lui dois mon bonheur! Ah! ah! (Il rit.) Avoue que c'est drôle!

JULIE.

Je suis forcée d'en convenir.

ROSETTE.

Mais je m'oublie... au revoir... au revoir... je vais recevoir mon courrier... je suis inquiet, Paris se dérange.

JULIE.

Craindrais-tu pour ton bienfaiteur?

ROSETTE, en s'en allant.

Non, grâce au ciel, son influence est toute-puissante... les reptiles ne pourraient atteindre l'aigle... Pourtant, une sédition sourde travaille les esprits... mais le bon sens des Parisiens fera justice de préventions passagères... Je me hâte... deux petites arrestations peu importantes, et je reviens près de toi oublier tout.

JULIE.

Heureuse de consoler de tels ennuis... A trois heures.

ROSETTE.

Si je venais un peu plus tard, il faudrait m'excuser, c'est qu'on aurait fait résistance, j'aurais à aviser. Au revoir.

JULIE.

Au revoir. (Il sort.)

SCÈNE IV.

JULIE.

Ah! j'étouffais. Quelle prudence!... il a deviné à moitié... L'acte de divorce, c'est le plus pressé... cet acte seul peut le rassurer et faire taire les bruits qui le poursuivent et qui finiraient par l'éclairer... mais il faut qu'Henri parte au plus vite... j'aurai ce soir la réponse du capitaine Gérard... Ce Rosette... il le tuerait... s'il savait... (Elle prend la clef dans un tiroir.)

SCÈNE V.

JULIE, DE LANGEAIS. (Julie va fermer la porte à clef. Elle ouvre l'armoire, de Langeais est à genoux sur la bûche.)

JULIE.

Dix minutes de liberté, pas plus : que fais-tu là à genoux? pourquoi cette humilité?

DE LANGEAIS.

Pour demander pardon de mes emportements... j'ai eu de la peine à me retourner... Eh bien! le prétendu?

JULIE.

Il demande le divorce à grands cris.

DE LANGEAIS.

Déjà! comment vous en êtes là... au second divorce?

JULIE.

Non, monsieur, ce n'est encore que le premier, le nôtre... Il va venir chercher l'acte qui n'est pas prêt.

DE LANGEAIS.

Ce n'est pas ma faute, moi, j'y ai travaillé jusqu'à une heure du matin... il fallait le copier.

JULIE.

Je l'ai copié, mais il y manque une page.

DE LANGEAIS.

La page des griefs? je l'ai laissée en blanc... je ne pouvais pas passer toute la nuit à chercher mes défauts et vos griefs, madame.

JULIE, prenant l'acte.

Tiens, sois gentil... écris tout de suite, que je lui donne aujourd'hui...

DE LANGEAIS, s'asseyant pour écrire.

Quel empressement! ce doit être un homme bien aimable que mon remplaçant... Et moi qui ne connais pas le prétendu de ma femme!

JULIE.

Voyons, vite, les griefs... (Elle cherche.)

DE LANGEAIS, parcourant l'acte des yeux.

Comme c'est rédigé, ça! c'est un chef-d'œuvre, c'est dommage...

JULIE, lui donnant une plume et du papier.

Que ce ne soit pas sérieux et que ce soit inutile.

DE LANGEAIS.

Oh! ce n'est pas inutile, prends-y garde, nous ne serons plus mariés, nous ne pourrons plus rien... Par exemple, nous ne pourrons plus avoir d'enfants... légitimes.

JULIE.

Ah! mon Dieu, il ne faut pas plaisanter avec le divorce... Je lui donnerai l'acte pour gagner du temps et pour que tu puisses partir... mais le signer?... jamais!

DE LANGEAIS.

Enfin, madame, quels sont les griefs que vous désirez avoir contre moi?

JULIE.

J'ai cherché, je n'ai rien trouvé, je ne sais pas les bons... ceux que les tribunaux préfèrent... c'est important... ça... cherchons... tu écriras sur ce papier et je copierai sur l'acte.

DE LANGEAIS.

A l'ouvrage... As-tu quelque chose à me donner à manger?... (Elle prend l'assiette de gâteaux dans l'armoire.) Qui est-ce qui a ouvert l'armoire tout à l'heure?

JULIE.

C'est Rosette... travaille... Tu n'entends donc rien là dedans?

DE LANGEAIS.

Non pas quand l'armoire est fermée... il l'a ouverte, et j'ai entendu le mot « noces. »

JULIE.

Oui, dépêche-toi.

DE LANGEAIS.

C'est drôle, l'amant dans la chambre et le mari caché dans l'armoire... c'est nouveau.

JULIE.

Les griefs! les griefs, vite!

DE LANGEAIS.

Ce n'est pas agréable... Alors, embrasse-moi pour m'encourager à chercher des méchancetés contre moi. (Il l'embrasse. Elle s'assied très-près de lui.) Voyons, tu as bien quelque reproche à me faire depuis sept ans que...

JULIE.

Non... cherchons, c'est sérieux... « désaccord dans nos sentiments politiques. »

DE LANGEAIS.

Oui, j'ai trahi mon mandat; ça ne vaut rien... ce n'est pas un grief de femme.

JULIE, cherchant joyeuse.

Tu me laissais manquer de tout!

DE LANGEAIS.

Tiens! c'est la mode... tout le monde manque de tout; cela ne peut plus être un grief dans ce temps-ci. Autre grief, vite!

JULIE.

Tu me sacrifiais, tu me traitais avec mépris... tu me délaissais pour d'indignes maîtresses.

DE LANGEAIS.

Épouse délaissée!... Et nos petits mioches, comment les expliqueras-tu?

JULIE.

C'est juste, il y aurait contradiction... Ah! comme c'est difficile!

DE LANGEAIS, il l'embrasse.

Je le crois bien, madame, ce n'est pas facile de me trouver des imperfections.

JULIE, le repoussant.

Écrivez... vous n'êtes pas raisonnable... c'est un enfantillage impardonnable... il faut absolument finir cet acte aujourd'hui.

DE LANGEAIS, la pressant dans ses bras.

Ne te fâche pas, ma petite Julie.

JULIE, le repoussant.

Non, plus tard, vous ne pensez qu'à me tourmenter. (Il insiste.) Vous êtes sans pitié.

DE LANGEAIS.

Ah! mais, est-ce que nous allons divorcer tout de bon?.... Allons, calmez ce courroux.

JULIE.

Non, je ne peux pas être calme... ces plaisanteries continuelles m'irritent... je ne peux pas rire, moi, je sais bien le danger, et c'est quand j'ai besoin de toute ma raison que vous me la faites perdre par toutes vos taquineries absurdes.

DE LANGEAIS veut l'embrasser.

Je ne plaisante pas; je veux t'embrasser.

JULIE.

C'est cela qui m'agace!

DE LANGEAIS veut l'embrasser.

Eh bien! la paix, la paix, j'ai tort...

JULIE, le frappant vivement.

Non, laissez-moi; je n'ai plus de patience, laissez-moi! (Ils se regardent tous les deux et se mettent à rire d'inspiration.) J'ai trouvé!... les mauvais traitements!... C'est cela, tu me battais!...

DE LANGEAIS, riant.

Et voilà le grief qu'elle trouve contre moi... les coups... qu'elle m'a donnés... Oh! c'est charmant!... Que de procès, de demandes en séparation ont été plaidés dans ce sens-là!... Va pour les mauvais traitements... j'ai des phrases toutes faites pour les sévices, etc., etc. (Il écrit. Elle le regarde tendrement et se met à genoux.) Tiens! à genoux!...

JULIE, à genoux.

A mon tour, je te demande pardon de m'être fâchée; mais j'ai si affreusement mal aux nerfs!...

SCÈNE V

DE LANGEAIS.

Je te pardonne, tu n'as pas trouvé de griefs... Oh! oui, tu dois avoir mal aux nerfs...

JULIE.

Ces émotions si violentes me brisent!... Quelle affreuse vie nous menons depuis dix-huit mois!...

DE LANGEAIS.

Elle a de bons moments, cette vie-là... elle a même de très-bons moments... nous nous aimons bien, avec cela on supporte tout...

JULIE.

Nous nous aimons trop, cela me fait peur.

DE LANGEAIS.

C'est vrai; mais c'est parce que nous avons peur que nous nous aimons trop... le danger me pare et ton dévouement te rend plus belle encore... (A part.) Pauvre petite femme, elle a raison, je l'aime trop; mais aussi, chaque fois que je l'embrasse, je me dis toujours : c'est peut-être la dernière fois, et cela exalte.

JULIE, à part.

Il a raison, le danger double l'amour... Oh! chaque fois que je tiens cette pauvre tête menacée, je me dis... et c est affreux!... mais je la défendrai. (Elle prend la tête de son mari et l'embrasse avec passion)

DE LANGEAIS.

Tu pleures... A quoi penses-tu donc?

JULIE.

Je pense que je t'aime... oh! comme je t'aime!... (Ils s'embrassent. On entend frapper.) Vite! vite! le divorce!

DE LANGEAIS.

Il est prêt.

JULIE.

Tu es bien gentil... cache-toi!

DE LANGEAIS.

Épouse fidele, ouvre à ton amant... défenseur de la liberté, rentre dans ton armoire.

SCÈNE VI.

JULIE, FINOT.

FINOT.

Citoyenne, c'est ta ci-devant belle-mère... la mère à l'ancien...

JULIE.

Qu'elle vienne.

FINOT.

Et les autres?... la cousine Hilarine et les deux petits parents éloignés.

JULIE.

Qu'ils viennent tous! je vais les recevoir!

FINOT.

Ça va être drôle... Citoyenne, je voudrais être là pour voir comment tu vas les traiter!

JULIE.

Tu peux rester. (Il sort.) Oui, il faut qu'on me croie sans pitié pour cette chère et noble femme. On me soupçonne déjà... on est sur les traces d'Henri... si je faiblis devant sa mère, il est perdu! Il faut le sauver aujourd'hui! plus tard, je saurai bien sauver sa mère.

FINOT, rentrant.

Entrez, citoyennes.

SCÈNE VII.

LES MÊMES, MADAME DE LANGEAIS, HILARINE, DEUX PARENTS.

JULIE.

Salut, citoyenne de Langeais!... Citoyenne Hilarine, salut...

HILARINE.

Enfin! on daigne nous recevoir.

MADAME DE LANGEAIS.

Ma visite vous étonnera, madame, quand vous en connaîtrez le motif. Le bruit court que le commissaire du gouvernement doit me faire arrêter.

JULIE.

Arrêter!... Je ne puis rien à cela, citoyenne.

MADAME DE LANGEAIS.

Vous ai-je implorée, madame?... J'irai en prison, à cela je suis résignée... là, du moins, je me trouverai avec des amis... mais dans cette prévision, j'ai dû m'inquiéter du sort de vos enfants...

JULIE, à part.

Mes enfants!

MADAME DE LANGEAIS.

Je viens vous demander à quelle personne je devrai les confier, le jour où il me faudra les quitter.

JULIE, se contraignant.

Les enfants de de Langeais sont les tiens, citoyenne; je n'ai plus aucun droit sur eux.

FINOT, à part.

Bien! c'est civique!

MADAME DE LANGEAIS.

Ainsi leur sort, même de loin, ne vous intéresse plus?

JULIE, avec une douloureuse contrainte.

Non! non... non... (Tournant les yeux vers l'armoire.) leur sort ne m'intéresse pas plus que celui de leur père!

HILARINE, indignée.

Oh!

MADAME DE LANGEAIS.

Je comprends que la haine... quand je dis comprends... je veux bien admettre que la haine d'un mari rende pénible à une épouse égarée l'aspect de ses enfants, l'image qu'ils retracent peut être une cause de répulsion, mais la haine ne dispense pas du devoir.

JULIE.

On a plusieurs devoirs quelquefois contraires, qui nous forcent à choisir entre eux.

MADAME DE LANGEAIS.

Et quel devoir plus grand pour une femme que celui d'élever, d'aimer ses enfants!

FINOT, à part.

Oh! voilà la nature qui revient sur l'eau.

HILARINE.

Eh bien, madame, nommez-les donc vos autres devoirs!

JULIE.

A quoi bon les glorifier? Vous ne les comprendriez pas.

HILARINE.

Pardonnez-moi, c'est le dévouement de la citoyenne pour le citoyen... on sait vos projets! vous sacrifiez votre premier mari, que vous n'avez jamais aimé, pour vous consacrer toute au second.

JULIE.

Tu vois bien que tu ne peux pas me comprendre, toi qui n'as encore su trouver ni le premier ni le second.

HILARINE.

Hein?...

MADAME DE LANGEAIS.

Mesdames, respectez-vous, respectez-moi... j'ai dit ce que j'avais à dire... adieu, madame, adieu... puissent vos enfants trouver un cœur charitable qui nous remplace. (Elle se lève et marche vers le fond.)

JULIE, s'oubliant.

Madame!

MADAME DE LANGEAIS.

Julie!

JULIE, froidement, les yeux tournés vers l'armoire.

Adieu, citoyenne.

HILARINE.

Quoi! vous la laissez partir ainsi! quoi! vous n'employez

pas votre crédit pour empêcher qu'on emprisonne cette noble femme qui est votre belle-mère, madame!

JULIE, se contraignant.

Non.

MADAME DE LANGEAIS.

Une femme qui n'a pas pitié des têtes blondes de ses enfants, aura-t-elle pitié de ma tête blanchie par l'âge... celle qui n'a pas d'entrailles peut-elle avoir du cœur? Venez, vous n'obtiendrez rien d'elle.

HILARINE.

Partons; du moins, madame, vous vous souviendrez que je ne me suis point abaissée jusqu'à vous implorer pour moi.

JULIE.

C'en est assez! sortez! et bénissez le dédain généreux qui vous épargne.

FINOT.

Elle est sublime!

MADAME DE LANGEAIS, pleurant.

Adieu! Julie, je ne comprends plus votre conduite! je vous plains comme une pauvre malade qui a la fièvre... Adieu, je prierai pour vous, et si je meurs en prison, n'ayez point de remords... avant de mourir, je vous aurai pardonné...Venez, venez, Hilarine. (Elle sort suivie d'Hilarine.)

JULIE.

Quelle épreuve!... je n'ai plus de force, je suis brisée... mon Dieu! vous seul pouvez m'empêcher de succomber... je me sens faiblir... la prière... la prière seule!... (Elle se met à genoux, on entend marcher, elle se lève.) Des pas ici!... Dieu lui-même est suspect!... Si l'on me voyait prier on se défierait de moi... on vient... Dans quel temps sommes-nous donc qu'il faut se cacher même pour prier Dieu! (Elle sort.)

SCÈNE VIII.

FINOT, PUIS ROSETTE.

FINOT.

Citoyenne!... on vient de les arrêter à ta porte!... Tiens!... elle n'est plus là... les vilaines gens, comme ils l'ont insultée!... quatre gendarmes!... ça me fait toujours de l'effet un gendarme... et quatre donc!... mais vite!... étudions l'armoire, la profondeur du mur, je disais bien... à double fond... (Il ouvre l'armoire et mesure le fond avec une ficelle.) Ah! la maligne d'Échalotte... elle croit attraper Finot!...

ROSETTE.

Qu'est-ce que tu fais donc là, Finot?

FINOT, à part.

Oh!

ROSETTE.

Qu'est-ce que tu fais dans cette armoire?

FINOT.

Je fais de la politique, citoyen, je crois, il y a un suspect là dedans, ou dans le...

ROSETTE.

Diable!... cela s'accorde avec l'avis que je reçois... Voyons donc, dis-moi tout ce que tu sais... un bon avis se paye cent livres, le silence se paye... (Il fait un geste qui veut dire : la guillotine.)

FINOT.

Je suis naturellement bavard; je n'ai pas besoin d'être payé pour ça... je ne sais rien, sans quoi j'aurais déjà dit... je connais mes devoirs envers l'État... je crois qu'il y a un homme, un n'importe quoi, caché dans la maison.

ROSETTE.

Où cela?

FINOT.

Je ne peux pas bien vous le dire, parce qu'il se divise... il est moitié au grenier, moitié ici... mais pour sûr il y a quelque chose... (Ouvrant l'armoire.) J'ai mesuré l'armoire... elle n'a aucun rapport avec le mur... (Montrant la largeur de la ficelle.) Voilà le mur et voilà l'armoire... il y a une cache derrière.

ROSETTE.

C'est évident. Je vais rappeler deux de mes hommes, je les mettrai en sentinelle à la porte de la maison. Les deux autres suffiront pour conduire les prisonniers; toi, reste ici, enferme-toi afin que personne ne sorte de ce salon; tout à l'heure tu iras chercher un serrurier.

FINOT.

Oui, citoyen.

ROSETTE.

Toujours des perquisitions, des rigueurs, et chez celle que j'aime!... Ah!... (Il soupire.) C'est désagréable! (Il sort.)

FINOT, seul.

Je ne m'étais pas trompé, nous tenons un suspect. Mais il nous faut notre voisin le serrurier. (Regardant par la fenêtre.) Diable! il va sortir!... (Ouvrant et appelant.) Hé! Bélisaire!... monte ici bien vite... par le petit escalier. (Il referme la fenêtre, va à la porte de gauche par laquelle il disparait, et on l'entend crier :) De ce côté... je t'attends.

SCÈNE IX.

DE LANGEAIS, seul, sortant de l'armoire.

Découvert!... perdu!... Dieu m'est témoin que ce n'est pas pour moi, mais pour elle, pour elle seule que je tremble... Impossible de sortir... cet homme... où me cacher... là!... (Il se roule dans les rideaux de la fenêtre.) Ah!... et ma bûche... et mon coussin.

FINOT, à gauche en dehors.

Allons!... montez donc, Bélisaire.

DE LANGEAIS.

Ma pauvre... pauvre femme!... comment la prévenir?

SCÈNE X.

DE LANGEAIS, dans le rideau, ROSETTE, FINOT, UN COMMISSAIRE, UN SERRURIER, DEUX GENDARMES.

ROSETTE.

Heureusement, ils n'étaient pas loin. Ah! le serrurier.

FINOT.

Oui, il allait sortir.

ROSETTE.

Il s'agit de trouver le secret d'une cache nouvelle... Allons, malin!

LE SERRURIER, ouvrant l'armoire.

Ça me connaît... une planchette tournante...

ROSETTE.

Il doit y avoir un gond, sur lequel la fausse armoire...

LE COMMISSAIRE.

Il faudrait débarrasser l'armoire d'abord.

FINOT.

Tout ça vous gêne, attendez... (Il ôte des bouteilles, des pots de confitures, etc.)

LE SERRURIER.

Ah! c'est cela... non... ce doit être ici...

SCÈNE XI.

LES MÊMES, JULIE.

JULIE, à part.

Oh! mon Dieu! je me meurs! (Haut.) Eh bien!... qu'est ce donc?

ROSETTE.

Lis cet avertissement. (Il lui donne un papier.)

JULIE, à part.

Ils n'ont pas encore trouvé le secret! (Haut.) De Langeais?

quelle folie! Comment on me soupçonne moi!... moi, qui vous apportais cet acte de divorce! (Elle le lui donne.)

ROSETTE.

Ah! enfin!

JULIE.

Mais fais-les donc cesser! On ne peut pas faire une perquisition chez ta femme!... chez toi... car enfin, c'est presque chez toi.

ROSETTE.

Mais ce n'est pas toi qu'on soupçonne, c'est ta servante Rosalie. (Au serrurier.) Maladroit!... tu ne sais donc pas ton métier

LE SERRURIER.

Dam!... c'est pas un nigaud qui a fait ça... un moment, citoyen commisssaire.

ROSETTE, à Julie.

Mais pourquoi me donner cela devant tout le monde? Je n'ose pas être reconnaissant...

LE COMMISSAIRE.

Mais, voilà un ressort!

JULIE, à part.

Mon Dieu!

FINOT, à part.

Comme la citoyenne est émue.

LE SERRURIER.

C'est cela!... Ah! maintenant, ça ne sera pas long.

(Julie pâle, mourante, s'appuie sur une chaise.)

FINOT, la regardant.

Elle blanchit... elle est comme une statue!... Ah! qu'ai-je fait?

LE SERRURIER.

Tiens! voilà la malice... (L'armoire s'ouvre tout à fait. Julie se précipite comme pour aller au secours de son mari.) Mais il n'y a personne.

JULIE, stupéfaite.

Personne!... (Elle cherche des yeux autour d'elle, de Langeais apparaît dans le rideau; mouvement de joie folle, vite réprimée.)

ROSETTE.

Tu connais cette cache?

JULIE.

Non; mais j'ai eu peur, vrai; j'ai cru un moment qu'il y avait quelqu'un... et l'indignation... Mais je ne suis pas rassurée... il y a une autre cache... oui, au grenier... N'est ce pas?

FINOT.

Oui.

JULIE.

Peut-être bien qu'il s'est sauvé là-haut... venez, venez... oh! maintenant je me défie de tout le monde... chez moi un suspect... chez moi!... ce serait révoltant!... Finot, tu connais tous les coins du grenier... viens!... (Elle entraîne Rosette et les autres.)

SCÈNE XII.

DE LANGEAIS, dans le rideau, FINOT.

FINOT.

Oui, citoyenne... Non!... je n'irai pas!... j'ai fait une méchanceté, je veux la réparer... Que diable!... je ne suis pas un homme sanguinaire, au contraire, j'ai horreur du sang versé... du mien d'abord... mais aussi de celui des autres... Oh! je devine.... madame est une fausse citoyenne!... Finot, tu as manqué de finesse... mais les femmes!... oh! je ne peux pas lutter!... c'est le suspect du soufflet... il était là dedans... il sera sorti pendant que j'appelais le serrurier... il est ici... quelque part!... Citoyen suspect... ne crains rien... Finot ne voulait pas te perdre, il voulait seulement se sauver... je dénonce... c'est pas par méchanceté... maintenant, j'ai fait mon devoir, je suis quitte envers l'autorité... Ce n'est pas ma faute si le gouvernement n'a pas de nez... je ne suis pas obligé d'avoir du nez pour lui... Ah!... dans le rideau!... on voit les pieds, citoyen!... (Il arrange les franges du rideau.) Ne bouge plus, les voilà!... Je te pardonne ton soufflet de cette nuit. farceur de suspect, va!... ne crains rien!...

SCÈNE XIII.

DE LANGEAIS, dans le rideau, JULIE, FINOT, dans le lointain, ROSETTE, LES GENDARMES.

JULIE.

Nous avons visité toute la maison, même ma chambre; il reste à visiter la cave : Finot, donne vite les clefs.

FINOT, à part.

Je comprends!... (Haut, très-tendrement.) Oui, ma bonne citoyenne. (Il sort et ferme la porte d'un air d'intelligence.)

JULIE.

Viens... par ici ils ont tout fouillé. (Il l'entraîne. Ils sortent en se tenant embrassés.)

SCÈNE XIV.

FINOT, puis JEANNE, LE COMMISSAIRE.

FINOT.

M'en voilà débarrassé... cherchez, mes gaillards!... Ouf!... j'ai été troublé... Tiens, encore le commissaire, le même.

LE COMMISSAIRE.

C'est bien ici que tu voulais venir, petite?

JEANNE.

Oui, monsieur le commissaire.

FINOT, à part.

Sapristi!... la petite citoyenne... si la mère la voit, elle va se trahir... bernique!... elle ne la verra pas... (Haut.) Que demandes-tu, citoyen commissaire?

LE COMMISSAIRE.

On a arrêté les ci-devant chez lesquels demeurait cette

enfant, elle a demandé à être conduite ici, et j'ai trouvé au bas de l'escalier mes hommes qui me l'amenaient.

FINOT.

Ici?

JEANNE.

Mais oui, chez maman.

FINOT.

Vous n'avez pas de maman ici, petite intrigante.

JEANNE.

Oui, on dit qu'elle ne m'aime plus, mais si je la voyais, Finot, je lui dirais que je l'aime tant, elle ne pourrait pas s'empêcher de...

FINOT.

De quoi faire?

JEANNE.

De m'embrasser...

FINOT, *à part.*

Je le sais bien, et c'est pourquoi... (*Haut.*) Non!

JEANNE.

Laisse-moi la voir un tout petit moment, Finot, oh! la voir...

FINOT.

Ne me cajolez pas, jeune fille, c'est peine perdue...

JEANNE.

Mon joli petit Finot, toi qui me mettais sur ta grosse jument... tu te rappelles la *Finaude*...

FINOT.

C'était une belle bête!...

JEANNE.

Toi qui me faisais des petits bateaux et des cocottes!...

FINOT.

Chut!... quel souvenir!... si le gouvernement savait que j'ai fait des cocottes à la fille de de Langeais...

JEANNE.

Je t'en prie, je t'en prie, je t'en prie...

FINOT.

Pas de gentillesses, mademoiselle, on ne veut pas de toi ici... la gentillesse, c'est de t'en aller... (Il veut l'emmener.)

LE COMMISSAIRE, l'arrêtant.

Un moment, c'est à la citoyenne qu'il appartient de décider. (Il montre Julie qui entre.)

SCÈNE XV.

LES MÊMES, JULIE.

JULIE.

Que me veut-on?

JEANNE, bas à Finot.

Maman, maman... qu'il y a longtemps que je ne l'ai vue!...

FINOT, la cachant.

Chut! Citoyenne, c'est une petite intrigante qui se dit ta fille, et qui vient t'importuner sous prétexte que tu es sa mère.

JULIE, à part.

Jeanne!

FINOT.

Ça l'émeut!... cachons que ça l'émeut!... (Bas à Julie.) Tâchez de la regarder en dessous.

JULIE, bas à Finot.

Tu comprends donc?

FINOT, bas.

Je comprends tout... allez, allez... regardez-la ferme, et ne craignez rien... elle ne verra pas que ça vous fait plaisir...

JULIE, la regardant de côté.

Comme elle est grandie et embellie... Oh! on a coupé ses cheveux.

LE COMMISSAIRE.

Eh bien! citoyenne, est-ce en effet ta fille?

JULIE, avec énergie.

Si c'est ma... (A part.) Et lui... lui... (Haut.) Je n'ai plus de mari... je n'ai plus de fille, citoyen...

JEANNE, pleurant.

Oh! maman!. . maman!... on me l'avait dit, mais je ne le croyais pas!

JULIE.

Emmène-la, citoyen, emmène-la... (A part.) Ah! pourquoi l'a-t-on conduite ici?

JEANNE, à part.

C'est impossible!... impossible!... Oh! une bonne idée... je vais me faire mal... (En s'en allant, elle jette à terre une chaise contre laquelle elle se cogne exprès la jambe.) Ah!... ah!... ah!... là, là... (Elle tombe par terre, Julie court vite vers elle pour la relever, elle se remet. Bas.) La voilà!...

JULIE, à part, devinant la ruse.

La petite rusée!... c'est un piége!... (Elle relève la chaise. Haut.) La petite sotte!... j'ai cru qu'elle avait cassé la chaise.

JEANNE, à part.

Je devine!... c'est qu'il y a du monde... je vais revenir.

JULIE.

Emmène-la, emmène-la donc, te dis-je... (Bas à Finot.) Emmène-la vite, je n'y tiens plus... (Jeanne sort avec Finot et le Commissaire, mais elle laisse sur la chaise son petit fichu.)

SCÈNE XVI.

JULIE, ensuite JEANNE.

JULIE, seule.

Il était temps... je me sentais vaincue... Ah! comme elle est jolie!... comme j'aurais voulu l'embrasser... Oh! son petit fichu!... oh! cher trésor... va... je te garderai précieusement... (Elle couvre de baisers le fichu.) Ma pauvre enfant!... ma chère petite Jeanne!...

JEANNE paraît à la porte, elle guette un moment. Voyant sa mère qui baise avec passion le petit fichu, elle court vers elle.

Ah!... je savais bien, moi, que tu m'aimais.

JULIE, vaincue, la presse dans ses bras.

Toujours, toujours... je n'ai plus de courage !...

JEANNE, l'embrassant avec passion.

Maman!... maman!... je t'ai retrouvée!... mais je serai bien sage, je cacherai à tout le monde que tu m'aimes, je ferai semblant d'avoir du chagrin... Quel bonheur!... le bon Dieu m'a écoutée... tous les soirs je le prie pour que tu recommences à nous aimer, maman!...

SCÈNE XVII.

JULIE, JEANNE, DE LANGEAIS.

DE LANGEAIS, à la porte de la chambre.

Cette petite voix... ah!... ma fille!... je n'y tiens plus!... (Il s'élance follement et enlève l'enfant dans ses bras.) Cela m'est égal, je serai guillotiné, mais je l'embrasserai!... elle est trop gentille!...

JEANNE.

Lui!... lui!... oh! que je suis contente!...

JULIE.

Tais-toi, ne nomme pas ton père... c'est pour le cacher que je fais semblant de te haïr... oh! ma fille, si tu dis un seul mot, nous sommes tous perdus!...

JEANNE.

N'ayez pas peur, je ferai comme Fanny de Clermont qui vient de sauver son père. Elle n'a qu'un an de plus que moi, et j'ai bien plus de courage qu'elle!...

DE LANGEAIS.

Chère amour!... elle a déjà son petit courage. (Il l'embrasse.)

JULIE.

Je tremble!... quitte-la... on peut venir... quelqu'un monte l'escalier... (Elle veut entraîner Jeanne vers la porte.) Tu diras que je t'ai repoussée, chassée...

JEANNE.

Oh ! à présent, je le dirai de bon cœur !...

JULIE, arrache Jeanne aux bras de son père, et court vers la porte. Rosette paraît.

Trop tard !... tout est fini !...

SCÈNE XVIII.

JULIE, DE LANGEAIS, JEANNE, ROSETTE.

ROSETTE.

De Langeais !... ici ! de Langeais !...

JULIE.

Malheureuse enfant !... tu as laissé la porte du corridor ouverte. Eh bien !... prenez vos victimes, monsieur, vengez-vous, je vous ai trompé... j'ai feint de le haïr, lui, et de vous supporter, vous, pour le sauver !... Vengez-vous... du moins en mourant, je recouvrerai l'estime de tous ceux qui me méprisent à cause de votre bienveillance !...

ROSETTE.

Son mari !

DE LANGEAIS, avec dignité.

Je comprends vos ressentiments, monsieur ; faites votre devoir... je suis prêt à vous suivre... ordonnez que l'on me conduise à votre tribunal, c'est-à-dire l'échafaud...

ROSETTE.

Je le voudrais, mais par malheur ce n'est plus en mon pouvoir...

DE LANGEAIS.

Quoi !... vous...

ROSETTE, ému.

Mon protecteur, mon bienfaiteur n'est plus...

DE LANGEAIS.

Robespierre !...

ROSETTE.

A péri victime...

DE LANGEAIS.

Tallien ?...

ROSETTE.

Ses ennemis triomphent ! je reçois à l'instant cette affreuse nouvelle et l'ordre de faire élargir tous les prisonniers... La citoyenne ta mère est libre... la voici !...

SCÈNE XIX.

DE LANGEAIS, MADAME DE LANGEAIS MÈRE, JULIE, JEANNE, MADEMOISELLE HILARINE, LES DEUX PARENTS, LE DOMESTIQUE, ENSUITE FINOT.

MADAME DE LANGEAIS MÈRE.

Mon fils !... (Elle embrasse de Langeais. A madame de Langeais.) Ma pauvre enfant !... jamais, jamais je ne me pardonnerai.

JULIE.

De m'avoir maltraitée ?... je vous pardonne...

MADAME DE LANGEAIS MÈRE.

Ce n'est pas cela... jamais je ne me pardonnerai de ne t'avoir pas devinée... (Rumeurs en dehors, cris du peuple.)

DE LANGEAIS.

Qu'est-ce donc ?

ROSETTE.

Le peuple... ah ! il se déclare pour nous !...

FINOT, rentrant.

Faites excuse... il demande...

ROSETTE.

Quoi donc ?

FINOT.

Citoyen, sauf votre respect, il demande ta tête.

ROSETTE.

Les imbéciles !

DE LANGEAIS.

Je vais leur parler... (Il se montre à la fenêtre. Nouveaux cris du peuple.)

FINOT.

Ils l'ont reconnu, ils crient : Vive de Langeais !

ROSETTE.

Déjà !...

DE LANGEAIS, au dehors.

Il n'est plus ici, mes chers compatriotes. Rosette est en fuite... (Rumeur décroissante.)

ROSETTE.

Que faire ?

DE LANGEAIS.

Si cette armoire peut vous être agréable... je serai charmé de vous l'offrir... Rassurez-vous, mes amis ne vous y laisseront pas dix-huit mois, vous y péririez de chagrin.

ROSETTE.

Mais vous n'en êtes pas mort, vous.

DE LANGEAIS.

Oh ! moi... (Montrant sa femme.) j'avais une consolation.

FIN.

EN VENTE CHEZ LES MÊMES EDITEURS

PIÈCES DE THÉATRE, BELLE ÉDITION, FORMAT GRAND IN-18 ANGLAIS

Bibi, vaud. en 1 acte.................. » 40
Lischen et Fritzchen, saynète en 1 acte.. 1 »
Une Journée à Dresde, comédie en 1 acte. 1 »
Les Femmes du Sport, pièce en 4 actes... 1 »
Le Carnaval des Canotiers, vaud. en 4 act. » 50
La Maison du Baigneur, drame en 12 tab. » 50
Les Fils de Charles-Quint, dr. en 5 actes. 2 »
Faustine, drame en 5 actes............. 2 »
Le Marquis de Villemer, comédie en 4 act. 2 »
Le Docteur Magnus, opéra en 1 acte...... 1 »
L'Homme n'est pas parfait, vaud. en 1 acte. 1 »
Mireille, opéra en 5 actes.. .... 1 »
Lara, opéra-comique en 3 actes.......... 1 »
Le Capitaine Fantôme, drame en 5 actes.. 2 »
Les Fourberies de Nérine, com. en 1 acte. 1 »
Le Comte de Saulles, drame en 5 actes.... 2 »
Aux Crochets d'un Gendre, com. en 4 actes. 2 »
Le Dégel, comédie en 3 actes........... 1 50
Les Ressources de Quinola, com. en 5 act. 1 50
La Question d'Amour, comédie en 1 acte.. 1 »
Les Coiffeurs, com.-vaud. en 3 actes...... 1 »
Sylvie, opéra-comique en 1 acte......... 1 »
En classe, Mesdemoiselles! folie en 1 acte. 1 »
Les Oiseaux en cage, comédie en 1 acte.. 1 »
Une Femme qui ne vient pas, scène de la vie de garçon........................ 1 »
La Fille du Maudit, drame en 5 actes..... » 50
La Postérité d'un Bourgmestre, f.-v. en 1 a. 1 »
Les Voleurs d'or, drame en 5 actes....... » 40
Les Marionnettes de l'Amour, c. en 3 actes. 1 50
Les Pinceaux d'Héloïse, com.-vaud. en 1 a. 1 »
Néméa, ou l'Amour vengé, ballet en 2 act. 1 »
Don Quichotte, comédie en 3 actes....... »
Les Mohicans de Paris, drame en 5 actes.. 2 »
Rocambole, drame en 5 actes............ » 50
Les Flibustiers de la Sonore, dr. en 5 act. » 50
Le Grand Journal, folie-revue en 4 actes... » 50
Le Drac, drame fantastique en 3 actes..... 1 50
Roland à Roncevaux, opéra en 4 actes.... 1 »
Sur la Grande Route, proverbe en 1 acte.. 1 »
Les Bons Conseils, comédie en 1 acte.... 1 »
Le Mort marié, comédie en 1 acte...... 1 »
Le Marquis Caporal, drame en 5 actes... 2 »
Les Pommes du Voisin, comédie en 3 act. 2 »
Un Ménage en Ville, comédie en 3 actes. 2 »
Les Curieuses, comédie en 1 acte ...... 1 »
Violetta (la Traviata), opéra en 4 actes.. 1 »
Les Drames du Cabaret, drame en 5 actes » 50
Le Petit Journal, folie revue en 4 actes. » 50
Les Absents, opéra comique en 1 acte... 1 »
Maître Guérin, comédie en 5 actes...... 4 »
Le Trésor de Pierrot, opér. com. en 2 act. 1 »
Les Erreurs de Jean, comédie en 1 acte.. 1 »
En vagon. — Proverbe en 1 acte........ 1 »
Le Martyre de la Victoire, drame en 5 actes » 60
La Belle Hélène, opéra bouffe, en 3 actes. 2 »

Robert Surcouf, drame en 5 actes.......
Le Serpent à plumes, opéra bouffe en 1 ac
Leone-Leoni, drame en 3 actes.........
Le Photographe, comédie en 1 acte.....
Bégaiements d'amour, opéra comique, 1 ac
Marie de Mancini, drame en 5 actes....
Le Capitaine Henriot, opéra comique, 3 ac
Jacques Burke, drame en 5 actes........
Un Clou dans la serrure, c. vaud. en 1 act
Les Mystères du vieux Paris, drame en 5 ac
Les Vieux Garçons, comédie en 5 actes..
Le Second mouvement, coméd. en 3 actes
L'oncle Sommerville, comédie en 1 acte..
Le Singe de Nicolet, comédie en 1 acte..
Jupiter et Léda, opérette en 1 acte.....
Les Jocrisses de l'amour, com. en 3 actes
Le Mousquetaire du roi, drame en 5 actes
Les 2 Reines de France, drame en 4 actes.
La Belle au bois dormant, drame en 5 act
La Flûte enchantée, opéra fant. en 4 actes
La Gitane, drame en 5 actes...........
Les Vieux Glaçons, parodie des Vieu Garçons, en 2 actes...............
Juge et Partie, vaudeville en 1 acte......
Le Cabaret de la Grappe dorée, coméd vaudeville en 3 actes...............
Madame Aubert, drame en 4 actes.......
Les Cabotins, comédie vaud. en 3 actes.
Lantara, comédie vaudeville en 2 actes...
Le Saphir, opéra comique en 3 actes....
La Comédie de salon, proverbe en 1 acte.
Une Vengeance de Pierrot, bouffonn. 1 act
Avant la Noce, opérette en 1 acte.......
La Petite Voisine, vaudeville en 1 acte..
Macbeth, opéra en 4 actes..............
L'Œillet blanc, comédie en 1 acte.......
Le Mariage de Don Lope, op. com. en 1 act
Un Drame en l'air, bouffonnerie, en 1 act.
Le Bœuf Apis, opérette bouffe en 2 actes
Les Enfants de la Louve, drame en 5 actes
Le Ménétrier de St-Waast, melod. en 5 act
M. et Madame Crusoé, vaudev. en 1 acte.
C'est pour ce soir, à-propos en 1 acte....
M. de Saint-Bertrand, comédie en 4 actes
Le Supplice d'une femme, drame en 3 act.
La Voleuse d'Enfants, drame en 5 actes..
Les Vendanges du clos Tavannes, d. 5 ac
Le Clos-Pommier drame, en 5 actes....
La Pomme, comédie en 1 acte, en vers...
Les Victimes de l'Argent, com. en 3 acte
Le Supplice de Paniquet, com. en 1 acte..
Les Parents de Province, vaud. en 1 acte
Lisbeth, opéra comique en 2 actes......
Les Jurons de Cadillac, comédie en 1 act
Princesse et Favorite, drame en 5 actes.
Le Supplice d'un Homme, com.-v. 3 acte

IMPRIMERIE L. TOINON ET Cᵉ, A SAINT-GERMAIN.

www.ingramcontent.com/pod-product-compliance
Lightning Source LLC
LaVergne TN
LVHW012014160826
845678LV00002B/820

* 9 7 8 2 3 2 9 6 6 9 1 6 8 *